먹구름이 낀 하늘에서도 가장 밝게 빛나는 별, 미겔에게.
_클라라 그리마

내게 그릴 힘과 연필 그리고 물감을 주신 부모님, 토니아와 페레.
두 분은 제 마음속에 있어요.
_라켈 구

MATI Y LOS MATEMONSTRUOS by Clara Grima & Raquel Gu
©2022, Clara Grima
©2022, Penguin Random House Grupo Editorial, S.A.U.
Travessera de Gracia, 47-49, 08021 Barcelona
©2022, Raquel Gu, por las ilustraciones

All rights reserved.
Korean translation copyright © 2025 by Bookmentor Books

이 책의 한국어판 저작권은 PubHub 에이전시를 통해 Penguin Random House Grupo Editorial, S.A.U.와 독점계약한 (주)도서출판 북멘토에 있습니다. 저작권법에 의해 한국 내에서 보호를 받는 저작물이므로 무단 전재와 무단 복제를 금합니다.

말랑말랑 **8**
요즘지식

수학이 무서워?

# 수학 몬스터,
## 진짜 수학을 보여 주다

클라라 그리마 글 | 라켈 구 그림
김유경 옮김

북멘토

이 소녀는 **마티**예요. 원래 이름은
**마테마티카스**(Matemáticas, 수학)지만,
이걸 아는 사람은 거의 없어요.
쉿, 이건 우리 둘만의 비밀이에요!
마티는 아주 행복한 아홉 살 소녀예요.
정말 사랑스럽고 활기차며, 호기심 많고
머리도 좋고, 아주 섬세하죠.

마티는 춤추고 노래하는 걸 아주 좋아해요.
특히 샤워할 때 말이지요. 하지만 그래도
**세상에서 가장 좋아하는 건 수학이에요!**
마티는 학교 수업 중에 수학을 가장 좋아해요. 마티에게 수학은 놀이나
마찬가지거든요. 게다가 수학에 관한 멋진 것들을 가르쳐 주는 아주 특별한
친구들도 있어요. 이 이야기는 조금 있다가 더 자세히 해 줄게요.

미겔은 마티의 남동생이에요.
나이는 네 살이고, 세상에서 제일 좋아하는 건 공차기와 소리 지르기예요.

"골! 골이에요!"

참, 미겔도 누나처럼 춤추고 노래하는 걸 아주 좋아해요. 하지만, 누나가 이야기책 읽어 주는 걸 가장 좋아하죠. 마티 누나는 늘 주인공 흉내를 내며 아주 재미있는 목소리로 책을 읽어 줘서 웃음이 터지거든요.
이렇게 미겔은 누나를 아주 좋아해요. 그리고 아무한테도 말하지 않았지만, 맘속으로는 누나가 최고 영웅이라고 생각한답니다.

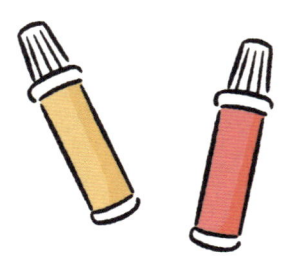

어느 금요일 오후, 마티는 방에서 학교 숙제를 하고 있었어요.
미겔이 불쑥 방으로 들어왔어요. 잔뜩 겁먹고 놀란 얼굴이었죠.
"누나, 학교에서 혹시 수혹 배워?"
"수혹이 뭐야? 그게 뭔지 모르겠는데. 근데 조용히 좀 해 줄래?
나 지금 학교 숙제 끝내야 한단 말이야."
"내 친구 소니아가 그러는데, 걔네 오빠 페드로가 수혹이 엄청 어렵다고
했대. 난 수혹 배우고 싶지 않아!"

"근데 혹시, 수혹이 아니라 수학 아니야?"
"잘 모르겠어. 아무튼 페드로 형이 그게 **아주 무섭다!**고 했다. 숫자가 아주 많이 나오는데, 큰 숫자까지 세야 하고 심지어 숫자들을 더하거나 빼야 한대."
"페드로가 좀 부풀려서 말한 것 같아. 미겔, 그 말에 너무 신경 쓰지 마. **수학은 아주 재미있거든.** 분명 너도 좋아하게 될 거야."
마티는 동생에게 좀 더 가까이 다가가 작게 속삭였죠.
"미겔, 내 **수학 안경** 빌려줄까? 이걸 쓰면 여기저기 숨어 있는 수학 몬스터들을 볼 수 있거든."

\* 인그리드 도브시(Ingrid Daubechies): 벨기에의 물리학자이자 수학자이다. –옮긴이
\*\* 마리암 미르자하니(Maryam Mirzakhani): 이란의 수학자로 필즈상 수상자이다. –옮긴이

그 말에 잔뜩 겁을 먹은 미겔은 서둘러 나가다가 그만 넘어질 뻔했어요. 마티는 그 모습을 보고 배꼽을 잡고 웃었죠. 그러자 미겔은 살짝 떨리는 목소리로 물었어요.

"수학 몬스터라고? 그런 게 정말 있어?"

"있어, 있고말고! 여기 있는걸. 하지만 아주아주 친절한 몬스터들이니 걱정하지 마. 수학 몬스터라고 부르는 건 말 그대로 친절하게 수학을 가르쳐 주기 때문이야. 너에게도 소개해 줄게."

마티는 잠시 책상 서랍을 뒤지더니 쓰고 있는 안경과 아주 비슷한 분홍색 안경을 꺼냈어요.

"누나, 그런데 안경알이 없잖아. 알도 없는데 어떻게 몬스터를 봐?"

미겔이 안경을 쳐다보며 물었다.

"우선 써 봐. 그리고 눈을 꼭 감아. 그럼 보일 거야. 단, 내가 눈 뜨라고 할 때까지는 절대 뜨지 말고."

미겔이 안경을 쓰고 눈을 꼭 감자 마티가 외쳤어요.

"안녕, 수학 몬스터!"

30초 정도 지나고 나서 마티가 속삭였어요.

"미겔, 이제 눈 떠도 돼."

마티의 방은 작고 신기한 나라로 변해 있었어요. 그리고 갑자기 마티의 가방 속에서 아주 이상하게 생긴 벌레가 튀어나왔어요. 그 벌레의 몸은 점과 선으로 되어 있었는데…….

**손이랑 발, 눈, 심지어 입까지 달려 있었어요!**

그 몬스터가 입을 열었어요.

"마티, 그렇게 큰 소리로 부르지 않아도 네 주변에 항상 있을 거라고 내가 입이 닳도록 말한 것 같……."

그 몬스터는 갑자기 말을 멈추더니, 눈을 동그랗게 뜨고 쳐다보는 미겔을 보며 물었어요.

"이 쪼그마한 인간은 누구야?"

"난 쪼그맣지 않아! 키가 작긴 하지만, 아직 네 살이라서 그런 거고 앞으로 계속 자랄……."

"인사해, 토스키. 얜 내 동생, 미겔이야." 마티가 끼어들며 대답했어요.

"반가워, 미겔. 난 토스키라고 해. 내 이름은 **쿠라토프스키***에서 따왔어." 몬스터는 미겔에게 인사했어요.

"토스키의 '토'는 내 친구 토마스랑 같네. 넌 걔를 모르겠지만……." 미겔이 대답했어요.

"응, 하지만 말한 것처럼 내 이름은 정확히 쿠라토프스키에서 따왔어. 쿠라토프스키는 **아주 똑똑한 폴란드 사람인데, 그래프에 대해서 아주 잘 알았거든**. 너희도 그 사람을 아니?"

* 쿠라토프스키(Kuratowski) : 폴란드의 수학자이자 논리학자이다. -옮긴이

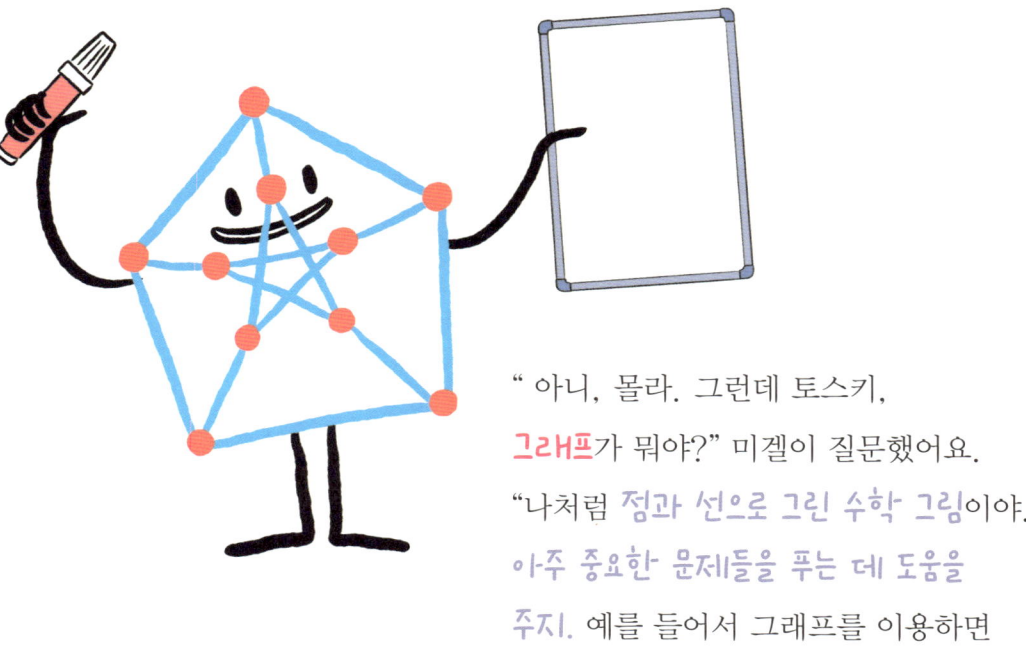

" 아니, 몰라. 그런데 토스키, **그래프**가 뭐야?" 미겔이 질문했어요.
"나처럼 **점과 선으로 그린 수학 그림**이야. **아주 중요한 문제들을 푸는 데 도움을 주지.** 예를 들어서 그래프를 이용하면 마을에 전선을 놓을 때, 선들이 서로 만나지 않으면서 연결하는 방법을 찾을 수 있어." 토스키가 칠판을 꺼내며 대답했어요.

칠판에는 집 두 곳과 학교 한 곳, 놀이터 한 곳이 그려져 있었어요.
"너희, 각 집에서 놀이터와 학교로 가는 길을 그려 봐. 단, 이 길들은 절대 서로 만나면 안 돼."
토스키의 말에 미겔이 선을 그리기 시작했어요. 그리고 지우고, 또 그리고 지웠어요. 하지만 결국…….

"못 하겠어!" 미겔이 소리쳤어요.

여러분은 벌써 그렸나요?
선들이 서로 만나지 않게 길을 그려 보세요.
단, 원하는 만큼 여러 번 그려 보려면
연필을 사용하는 게 좋을 거예요.

"조금만 더 생각해 봐." 토스키가 미겔에게 말했어요.
"이 문제를 풀려면 곰곰이 그리고 차분하게 생각해야 해.
얘들아, 이거 봐. 이렇게 연결하면 되잖아."

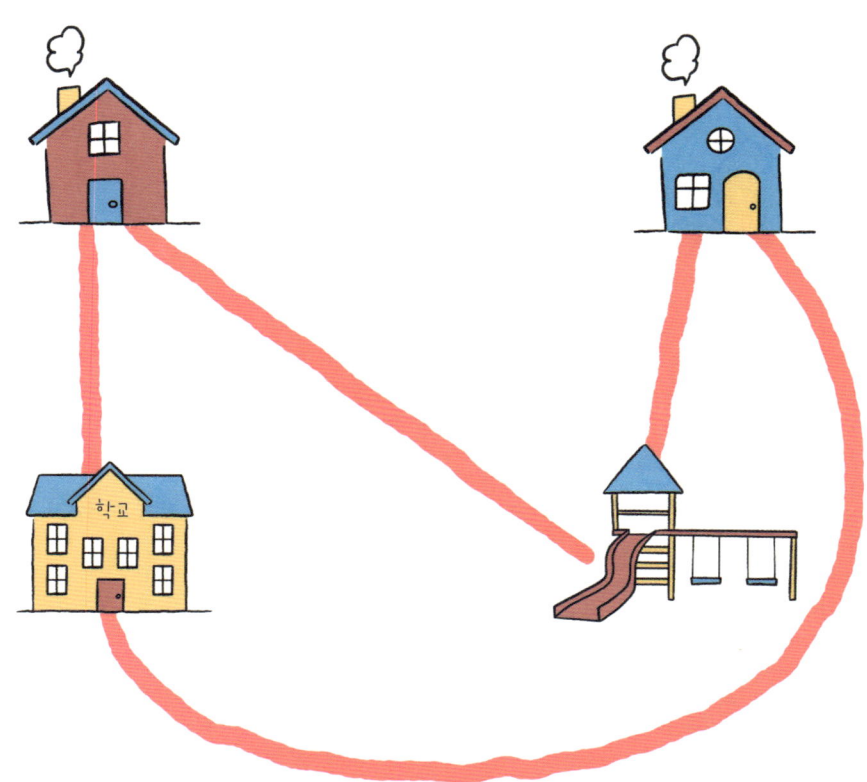

**"와, 정말이네, 되네!** 정말 대단해!"
미겔이 소리치자 토스키는 별거 아니라는 듯 씨익 웃었어요. 원래 토스키는 아주 우쭐대는 성격이거든요. 어쨌든 그는 미겔에게 설명을 잘해 주었어요.

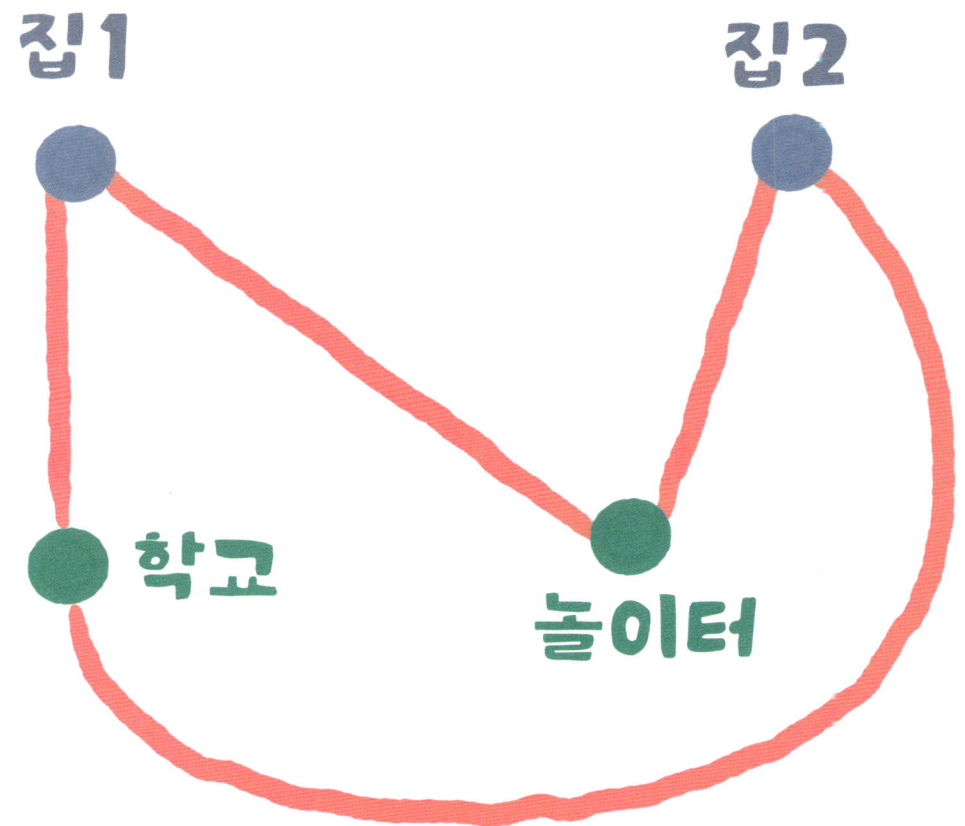

"방금 내가 그린 게 바로 그래프야. 건물들이 있던 자리에 점을 찍고, 그 점과 선으로 그림을 그리는 거지. 이 그림을 '그래프'라고 해. 너희에게 말한 것처럼 이건 집들과 학교, 놀이터를 연결하는 것과 관련된 문제를 푸는 데 도움이 돼."

"자, 그럼 **좀 더 어려운 문제를 내 볼게!** 이번에는 도서관도 지나가야 해. 그러니까 각 집에서 학교, 놀이터, 도서관 가는 길을 연결하는 거야. 물론 이번에도 길들이 서로 만나면 안 돼."
미겔은 다시 혓바닥을 살짝 내밀며 연필을 쥐었어요. 이번에는 성공할 때까지 길을 그려 보기로 마음먹었죠.

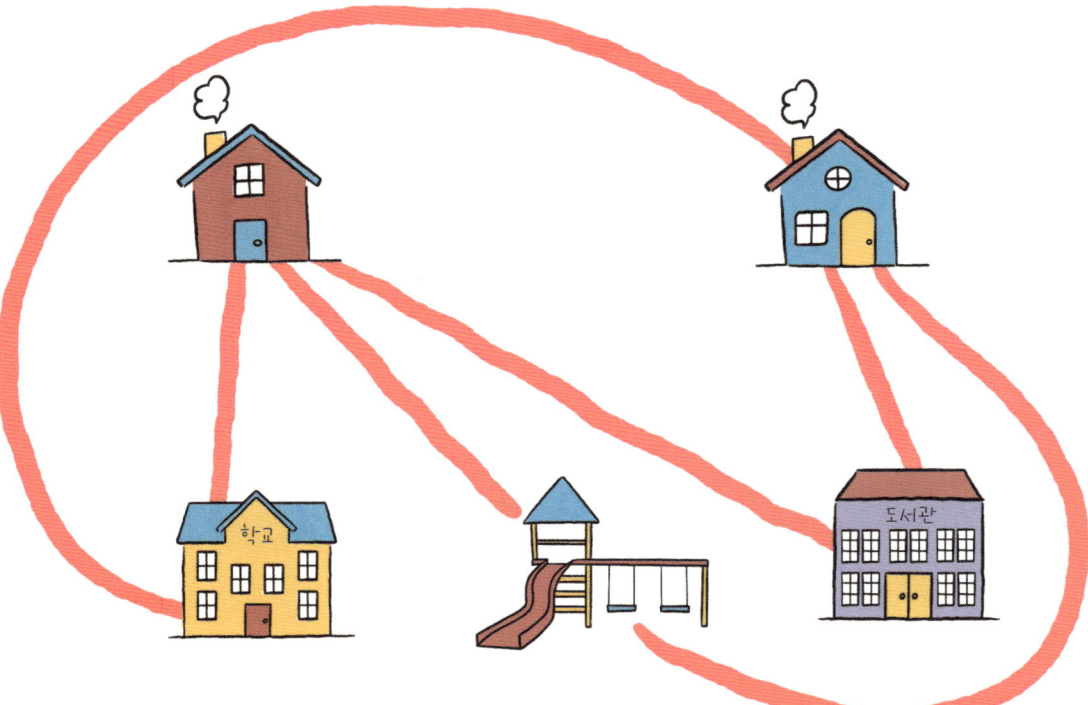

"와, 성공! 귀염둥이, 너무 잘했어!"

마티는 동생을 보며 자랑스럽게 소리쳤어요.

토스키는 미겔과 손뼉을 치려고 손을 올렸어요. 미겔은 몬스터가 살짝 무서웠지만 용기를 내서 손뼉을 마주쳤죠.

"신사 숙녀 여러분……."
토스키가 갑자기 점잔을 빼며 예의 있는 목소리로 말했어요.
"아직 더 어려운 문제가 남아 있습니다! 이번엔 집을 하나 더 그릴 거예요. 과연 우리의 용감한 친구 미겔은 모든 길을 만나지 않게 그릴 수 있을까요?"
미겔은 곧장 그리기 시작했어요. 처음에는 자신만만해하며 기분 좋게 그렸어요. 하지만 기쁜 얼굴은 조금씩 실망스러운 얼굴로 변했어요. 그러다 풀이 죽어서는 그만 울상이 되었죠. 결국 누나에게 연필을 넘겼어요.
"누나가 해 봐. 이건 누나나 형들이 푸는 문제 같아."
마티도 최선을 다해 풀어 보았어요. 그리고 다시 그릴 때마다 작은 목소리로 스스로에게 용기를 불어넣었어요.
"할 수 있다!"
하지만 몇 분 뒤 결국 마티도 포기하고 말았어요.
"토스키, 나도 못 풀겠어. 집 한 곳과 도서관은 도저히 연결이 안 돼."
마티는 문제를 풀 수 없다는 걸 인정했어요.

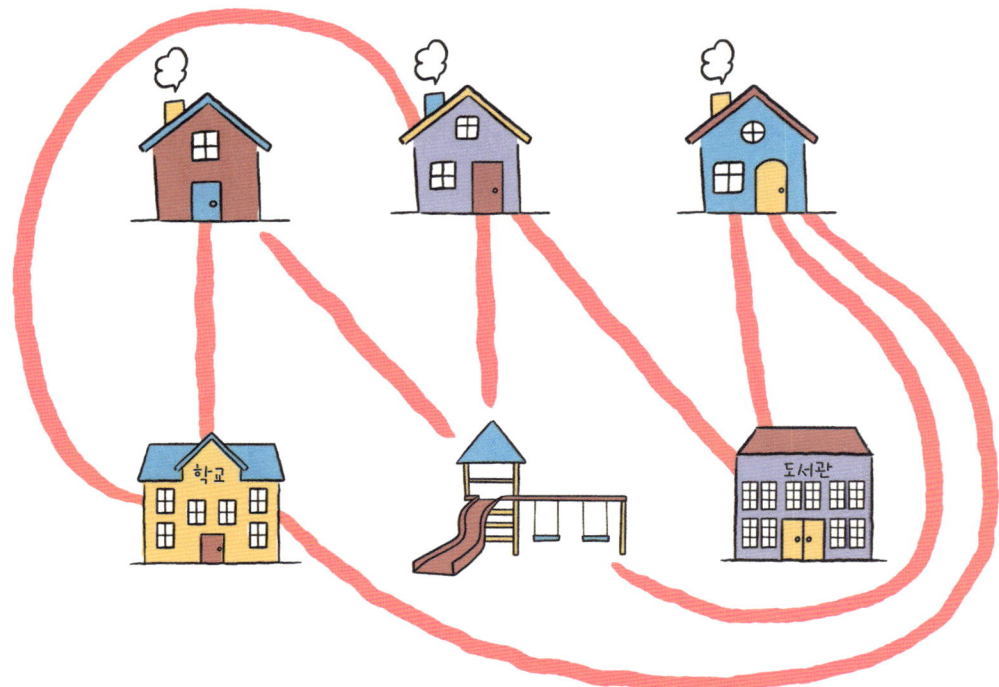

토스키는 평소보다 더 크게 웃으며 말했어요.
**"사실 이 문제는 아무도 못 풀어!"**
토스키는 웃으며 말을 계속 했어요.
"폴란드 수학자인 쿠라토프스키가 이 문제를 푸는 것이 불가능하다는 것을 증명했지. 이미 말했지만, 그는 아주 똑똑한 사람이었거든. 음, 시간이 벌써 다 되었네. 난 이제 가 봐야 해. 집에 키위가 다 떨어져서 과일 좀 사러 가야 하거든."
그 말을 하고 토스키는 마티의 가방으로 쏙 들어가 사라져 버렸어요.

"잘 봤지, 미겔? 토스키는 내 수학 몬스터 중 하나야. 수학에 관한 아주 멋진 사실을 가르쳐 줘. 내가 어른이 되면 수학을 더 많이 알게 될 거고, 그럼 최고 영웅이 되겠지. 그땐 이 세상에 있는 수학 문제를 다 풀 거야!"
"하지만 누나, 점과 선으로 그림을 그리는 건 수학이 아니잖아. 페드로가 그러는데 수학은 아주 큰 숫자들이 많이 나오는 거래. 너무 무서워."
"페드로가 너무 부풀려서 말한 거라고 했잖아. 자 그럼, 그 말이 사실이 아닌 이유를 대 볼게. 첫째, 이 그래프는 숫자가 없지만 수학이야. 둘째, 큰 숫자든 작은 숫자든 숫자는 절대 무섭지 않아."
마티는 잠시 아무 말 없이 조용히 있다가 한마디 덧붙였어요.

"잠깐 기다려 봐. 눌로\*와 누노\*\*를 한번 불러 볼게."
마티는 그 말이 끝나자마자 크게 외쳤어요.
"눌로! 누노! 나와 봐!"
그러자 마티의 신발 속에서 아주 통통한 수학 몬스터들이 튀어나왔어요.
하나는 도넛 모양이고, 다른 하나는 숫자 1과 아주 비슷하게 생겼죠.
"나 여기 있어. 난 늘 1등이지." 도넛처럼 생긴 몬스터가 먼저 말했어요.

---

\*  눌로(Nulo) : '무효', '무능'의 뜻으로 수학 용어로는 '0'을 의미한다. –옮긴이
\*\* 누노(Nuno) : '눌로'와 어간을 맞춰 만든 이름으로 '누(Nu)'와 '우노(Uno, 숫자 1)'를 합친 말이다. –옮긴이

"안녕, 눌로!"

마티가 눌로를 꼭 안으며 인사했어요. 미겔은 그것이 곤충인지 궁금해서 손가락으로 살짝 만져 보았지요.

마티의 신발에서 튀어나온 또 다른 몬스터가 못마땅하다는 듯 크게 말했어요.

"왜 네가 1등이니? 1등은 나야. 내가 숫자 1이잖아!"

"안녕, 누노! 미겔, 인사해! 수학 몬스터들이야."

"얘들아, 안녕." 미겔은 몬스터들을 쳐다보며 어색하게 인사했어요.

마티가 말을 이어 갔어요.

"사실 얘들은 숫자 0과 1이야. 세상에서 가장 중요한 숫자들이지."

"안녕, 미겔."

누노가 손을 내밀며 인사했어요. 눌로도 살짝 고개를 숙이며 인사했지요.

"미겔, 사실 우리는 이 세상에 있는 모든 숫자야."

미겔이 악당처럼 짓궂은 표정을 지으며 대답했어요.

"응, 물론 그렇겠지……. 0세부터 1세까지 아기들의 세상에서는 너희가 다겠지. 뭐 다른 뜻이 있어서 하는 말은 아니고……."

마티가 끼어들었어요.

"미겔, 눌로 말이 맞아. 컴퓨터는 0과 1만 사용해서 이 세상의 모든 계산을 다 하거든."

"음, 컴퓨터라고 해서 이 세상의 모든 계산을 다 할 수 있는 건 아니야."
누노가 마티의 말을 고쳐 주자 눌로가 말을 이었어요.
"하지만 너희가 생각할 수 있는 정도의 계산은 다 할 수 있지."
"음······. 너 혹시 컴퓨터가 더하기를 어떻게 하는지 알아?"
눌로의 물음에 미겔이 대답했어요.
"음······. 모르겠는데. 아마도 컴퓨터 안에 더하기를 잘하는 아주 작은 수학 몬스터들이 사는 게 아닐까?"

누노가 깜짝 놀라 말했어요.

"컴퓨터 안에? 수학 몬스터들이? 아니야, 무슨 소릴 하는 거야! 우리 수학 몬스터들이 밖에서 산책하는 걸 얼마나 좋아하는데."

"이봐, 미겔. 컴퓨터는 기계야. 우리처럼 사람이 아니라고……."

눌로의 말에 누노가 흥분하며 외쳤어요.

"눌로, 우린 사람이 아니야! 수학 몬스터라고. 제발 정신 좀 차려."

누노의 빨개진 얼굴을 쳐다보며 눌로가 중얼거렸어요.

"애 말처럼 컴퓨터는 켜지거나 꺼지는 것만 이해하는 기계야. 딱 그 두 가지만 구분할 줄 알지."

마티는 그 말을 듣고 입이 떡 벌어졌어요. 미겔은 축구 시합에서 골 넣을 때 집중하는 것처럼 가느다랗게 실눈을 떴어요.

누노가 말을 계속했어요.

"그러니까…… 컴퓨터는 꺼지면 0, 켜지면 1이야. 켜고 끄는 걸로 모든 숫자를 나타낼 수 있어."

"0이랑 1뿐인데 모든 숫자를 어떻게 나타내!"

미겔이 반박하자 마티가 말했어요.

"잠깐만, 미겔. 먼저 얘들 설명을 들어 봐."

미겔은 팔짱을 끼고 눈을 감은 채 계속 말을 들어 보기로 했어요.

"만일 우리가 컴퓨터로 0과 1만 사용해서 너에게 숫자 2를 말해 주고 싶다면 어떻게 해야 할까? 그러니까 0과 1만 사용한다면, 1 다음에 오는 첫 번째 숫자는 뭘까?"

"음…… 2, 3, 4, 5, 6, 7, 8, 9……."

마티가 손가락으로 숫자를 세며 중얼거렸어요.

"10!"

"맞았어!" 눌로와 누노가 동시에 감탄을 쏟아 냈어요.

"네 말대로, 컴퓨터로 2는 10이라고 써. 이것이 바로 컴퓨터 언어고, 이진법이라고 부르지. 참, 너희 인간들이 사용하는 숫자 언어는 십진법이야."

"그럼 다음 문제도 풀어 봐. 이번에도 똑같이 0과 1만 쓸 수 있다면, 10 다음에는 무슨 숫자가 와야 할까? 즉, 이진법으로 3은 뭘까?"

두 눈을 꼭 감고 천천히 생각하던 미겔이 크게 외쳤어요.

"11!"

"잘했어!" 마티와 수학 몬스터들이 함께 미겔을 칭찬했어요.

"와, 나 좀 멋진 것 같아!" 미겔이 으쓱하며 말하자 눌로가 또 질문했어요.

"그럼 4는?"

"12, 13, (…), 20……." 미겔은 생각이 나지 않아 앓는 소리를 냈어요.
"이건 모르겠어. 난 네 살이라 아직 숫자를 잘 못 센다고. 누나는 답 알아?"
"0과 1만 사용해서 11 다음에 쓸 수 있는 첫 번째 숫자는 바로 100이야. 그러니까 컴퓨터 언어로 4는 100이지."
"그럼 내 나이는 100살이네! 나는 꼬마 할아버지다, 꼬마 할아버지."
미겔이 지팡이 짚는 시늉을 하며 외쳤어요.
"그런데, 미겔. 컴퓨터는 100을 '백'이라고 읽는 게 아니라, 1-0-0(일-영-영)이라고 읽어. 그러니까, 껌-끔-끔인 거지." 눌로가 말했어요.
"그럼 5는 1000이야?" 미겔이 조심스럽게 물었어요.

"아니, 1000 이전에 100 다음으로 0과 1로 쓸 수 있는 숫자가 많은걸?"
미겔은 다시 두 눈을 꼭 감고 골똘히 생각해 보았어요. 그러고는 외쳤어요.
"101! 5는 101이네. 그러니까 내 친구 마누엘은 101살인 거고."
미겔이 재미있어하며 대답했어요.
**"자, 눌로, 칠판 좀 꺼내 봐."** 누노가 말했어요.
"마티랑 미겔에게 컴퓨터 언어로 1부터 10까지 써 보게 하자."
눌로가 손으로 이상한 모양을 만들자, 모두의 눈앞에 빈칸이 그려진 칠판이 나타났어요. 그러자 누노는 그들에게 곧바로 펜을 쥐여 주었어요.

| 인간 언어 | 컴퓨터 언어 |
|---|---|
| 1 | |
| 2 | |
| 3 | |
| 4 | |
| 5 | |
| 6 | |
| 7 | |
| 8 | |
| 9 | |

십진법 ← / → 이진법

"난 5까지 써 볼게. 거기까지는 알거든."

미겔은 신나게 칠판에 쓰기 시작했어요.

"누나, 그럼 101 다음은 뭐야?" 미겔이 마티에게 작은 소리로 물었어요.

|  | 인간 언어 | 컴퓨터 언어 |  |
|---|---|---|---|
| 십진법 | 1 | 1 | 이진법 |
|  | 2 | 10 |  |
|  | 3 | 11 |  |
|  | 4 | 100 |  |
|  | 5 | 101 |  |
|  | 6 |  |  |
|  | 7 |  |  |
|  | 8 |  |  |
|  | 9 |  |  |

"110이지." 마티는 비밀을 말해 주듯 속삭이며 대답했어요.

"와! 그럼 6은 110이네. 이걸 몰랐다니! 누나, 그럼 7은 111이겠네?"

마티가 윙크하며 고개를 끄덕였어요. 그러자 미겔이 계속 말했어요.

"그럼 이진법으로 8은 1000이겠네. 111 다음에 0과 1로 쓸 수 있는 숫자니까. 그다음은 1001과 1010이고, 맞지?"

"넌 정말 수학 천재야!"

마티가 동생 머리를 쓰다듬으며 칭찬해 주었어요.

"눌로, 누노, 우리 다 채웠어!"

"정말 잘했어, 미겔." 눌로가 아주 사랑스러운 목소리로 칭찬했어요.

> 여러분은 혼자 이 빈칸을 다 채울 수 있나요?

| 인간 언어 (십진법) | 컴퓨터 언어 (이진법) |
|---|---|
| 1 | 1 |
| 2 | 10 |
| 3 | 11 |
| 4 | 100 |
| 5 | 101 |
| 6 | 110 |
| 7 | 111 |
| 8 | 1000 |
| 9 | 1001 |

**"와, 정말 멋지다!"**

누노도 감탄하며 소리쳤어요.

'이제 너희는 너희 언어인 십진법 숫자를 컴퓨터 언어인 이진법 숫자로 바꿀 수 있게 된 거야."

**'수학은 너무 재밌어!'**

미겔이 기뻐하며 말했어요. 그때 누노가 외쳤어요.

"눌로, 도망쳐! 저기 이상한 토끼가 오고 있어!"

눌로와 누노는 재빨리 숨었어요. 마티와 미겔은 무슨 일인지 몰라 어안이 벙벙했어요. 그 순간 갑자기 아주 이상하게 생긴 토끼가 나타났어요.

**"안녕, 피보!"**

마티가 토끼 모습을 한 몬스터에게 다가가 먼저 인사를 건넸어요.

"13… 안녕, 21……."

토끼는 마티와 미겔을 쓱 보고는 건성으로 대답했어요.

"얘는 내 동생 미겔이야. 오늘 너희를 보여 주려고 안경을 빌려줬어."

"아, 34… 안녕, 미겔."

시큰둥하게 인사하던 토끼가 미겔을 쳐다보며 물었어요.

"넌 몇 살이니?"

"네 살." 살짝 겁먹은 미겔이 마티의 치마를 붙잡으며 대답했어요.

**"아, 이런!"** 토끼는 긴 귀를 아래로 떨어뜨리며 안타까워했어요.

"너도 피보나치편은 아니네…… 55……."

"누구 편?" 미겔은 코를 찡그리며 되물었어요.

"나는 베티스 편인데. 왜 그러는데?"

그 순간 마티는 웃음이 터졌어요. 미겔과 피보는 무슨 영문인지 몰라 마티를 빤히 쳐다보았죠.

"둘 다 당황할 거 없어. 피보, 베티스는 내 동생이 가장 좋아하는 축구 팀 이름이야. 미겔, 애는 피보야. **피보나치수열**\*을 담당하는 수학 몬스터지. 온종일 **피보나치 숫자**로 된 잎이나 줄기를 가진 꽃과 식물을 찾아다녀."

---

\* 피보나치수열 : 처음 두 항을 1과 1로 한 뒤, 그다음 항부터 바로 앞 두 개의 항을 더해 만드는 수열이다. 1, 1, 2, 3, 5, 8, 13, 21, 34, 55…… 규칙으로 나아간다. -옮긴이

"누나, 피보나치 숫자가 뭔데? 토끼들끼리 쓰는 말이야?"

"아니야, 미겔. 피보, 우리한테 직접 설명해 주지 않을래?"

"물론이지, **89**. 우선 둘 다 내 옆에 앉으면 이야기해 줄게, **144**. 내가 지금 너무 피곤해서 말이야."

마티와 미겔, 피보는 땅바닥에 털썩 주저앉았어요. 그러자 토끼가 말을 시작했어요.

"옛날에, 아주아주 옛날에, **피사의 레오나르도**라는 사람이 살았어. 그는 이탈리아의 도시 중 하나인 피사라는 곳에서 태어나서 그런 이름을 갖게 되었지, **233**."

"피사는 그 기울어진 탑이 있는 곳이잖아." 마티가 끼어들며 말했어요.

"맞아, 바로 거기야. **나중에는 거의 모든 사람이 피사의 레오나르도를 피보나치라고 불렀어.**" 피보는 잠깐 숨을 고르고는 계속 설명을 이어 갔어요.

"그런데, **337**. 어느 날 사람들이 그 당시 최고의 수학자인 피보나치에게 이런 **질문을 했대**."

우리가 농장에서 토끼들을 키운다고 상상해 보세요.
새끼 토끼는 한 달이 지나면 어른 토끼가 되고, 새끼들을 낳을 수 있어요.
그리고 이미 어른 토끼가 된 한 쌍은 매달 새끼 토끼 한 쌍을 낳을 수 있고요.
만일 우리가 새끼 토끼(어른 토끼가 되려면 한 달이 걸림) 한 쌍을 키우기 시작한다면,
1년 후에는 토끼 몇 쌍을 갖게 될까요?

**"아주 많이!"** 미겔은 의기양양하게 대답했어요.

"우리 몇 마리가 될지 천천히 계산해 보자." 피보가 계속 말했어요.

"한 달 후에는, 어른 토끼 한 쌍을 갖게 될 거야. 그리고 그들은 이제 새끼 토끼 한 쌍을 낳을 수 있지."

한 달째

두 달째

"우선 토끼들을 구별하기 위해서 첫 번째 어른 토끼 한 쌍에게 숫자 1을 붙일 거야. 한 달이 지나면 새끼 토끼 한 쌍이 태어나겠지. 그럼 그 새끼 토끼 한 쌍에는 숫자 2를 붙이고."

한 달째

두 달째

세 달째

**"와 너무 귀여워……"** 미겔은 작은 얼굴을 두 손으로 받치며 말했어요.
"그럼 또 한 달 뒤에는 무슨 일이 생길까?" 피보가 둘에게 질문했어요.
"토끼 두 쌍이 각각 새로운 새끼 토끼를 한 쌍씩을 낳지 않을까?"
마티가 대답했어요.
"아니지, **어른 토끼 한 쌍**(1번)만 새끼들을 갖게 될 거야. 왜냐하면 **새끼 토끼 한 쌍**(2번)은 어른이 되려면 더 자라야 하거든." 피보가 대답했어요.

"좋아, 이번에는 첫 번째 어른 토끼 한 쌍(1번)이 또 낳은 새끼 토끼 한 쌍에 숫자 3을 붙여 보자."
"음, 그럼 미겔, 그다음 달에는 몇 쌍의 토끼가 생길까?"
마티가 질문했어요.

여러분은 다음 달에 토끼가 몇 마리 생길지 알고 있나요?

"**다섯 쌍!** 어른 토끼만 새끼를 낳을 수 있으니까."
"맞았어, 미겔. 새끼 토끼는 더 자라야 하니까. 우리는 어른 토끼 세 쌍과 새로운 새끼 토끼 두 쌍을 갖게 될 거야." 마티가 대답했어요.
"맞아……. 미겔이 이제 잘 이해한 것 같네." 피보가 말했어요.
"**그럼! 난 이제 수학 전문가인걸.**" 미겔이 뿌듯해하며 말했어요.

"이번엔 610, 미겔, 잘 들어 봐." 피보가 말을 이었어요.
"그럼 1부터 시작해 보자. 다음은 1, 다음은 2야. 1+1이니까, 맞지? 그다음은 3이야. 1+2니까. 계속하면 그다음은 5, 3+2니까……."

"그다음은 8이겠지. 5+3이니까. 따라서 매달 이전 숫자를 더한 것만큼의 토끼 쌍이 생기는 거네." 마티가 끼어들며 말했어요.

### 여러분은 1년 뒤에 몇 쌍의 토끼가 생길지 알고 있나요?

"이게 피보나치수열이야. 1, 1, 2, 3, 5, 8, 13, 21, 34, 55, 89, 144… 그러니까 연말에는 토끼 144쌍을 갖게 될 거야."

**"와, 오우! 정말 대단하다!"** 미겔이 감탄하며 소리쳤어요.

"그럼, 난 이만 가 볼게. 숲속에 사는 식물들의 잎이랑 가지 숫자를 계속 세야 하거든. 피보나치수열을 따르는지 항상 확인해야 해."

피보는 양해를 구하는 중에도 계속 숫자를 중얼거렸어요.

"이 일은 끝이 없어…… 987……."

마티와 미겔도 함께 바닥에서 일어났어요.

"미겔, 그럼 우리도 피보나치의 꽃들을 찾아볼까?"

"좋아!"

"아, 근데 내일 찾아보는 게 좋겠어. 먼저 너에게 가우시를 소개해 주고 싶거든. 걔는 늘 여기 자명종 뒤에 숨어 있어. 가우시는 아주 멋진 비법을 알고 있는데, 너도 곧 알게 될 거야." 마티가 말했어요.

"가우시!" 미겔도 누나를 따라 똑같이 불러 보았어요.

"난 이 수학 몬스터 이름이 맘에 들어."

"**벌써 시간이 됐어?** 누가 날 불렀어?"

시계 모양의 수학 몬스터가 마티와 미겔 앞에 나타났어요.

"**안녕, 가우시!** 얘는 내 동생, 미겔이야. 내가 이 안경을 빌려줬어. '어느 것을 고를까요, 알아맞혀 보세요, 딩동댕'을 가르쳐 주고 싶어서."

"안녕, 미겔! 만나서 반가워."

"가우시, 미겔에게 '어느 것을 고를까요, 알아맞혀 보세요, 딩동댕'을 좀 가르쳐 줘." 마티가 부탁했어요.

"알려 주고말고." 가우시가 대답했어요.

"그건 내 사촌 카를이 알려 준 아주 멋진 비법이야. **모듈러 연산(모듈러 산술)**을 사용하는 거지."

"**뭐라고?**" 미겔이 콧등을 찡그리고 안경을 끌어 올리며 되물었어요.

"모듈러 연산." 가우시가 다시 정확히 말했어요.

"이건 아주 재미있는 수학 셈법이야. 시곗바늘이 돌아가는 것처럼 시계를 돌리면서 계산하거든. 그래서 이 모듈러 연산을 **시계 연산**이라고도 불러. 모듈러 연산을 하려면 먼저 척척박사 노래를 부를 줄 알아야 해."

그러자 미겔과 마티는 함께 그 노래를 부르기 시작했어요.

"어느, 것을, 고를, 까요, 알아, 맞혀, 보세요, 척척, 박사님, 딩동, 댕동, 도시, 라솔, 파미, 레도."

"내가 잘못 센 게 아니라면, **15마디인 것 같은데**."

가우시가 말을 시작했어요.

"맞아." 마티와 미겔이 고개를 끄덕이며 대답했어요.

"만일 이 **척척박사 노래**로 우리 **셋** 중 한 명을 뽑는다면, 세 번째 사람이 뽑힐 거야. '**레도**'에서 걸리는 사람이 뽑히는 거지."

시계 방향을 따라 마티를 시작으로 가우시, 미겔 순서로 **척척박사 노래**를 불렀어요. 그러자 정말 미겔이 뽑혔어요.

"**오, 와, 와우!**" 미겔이 기뻐하며 소리를 질렀어요.

어느 것을 고를까요?

"이제부터 마누엘과 마지막 남은 체리를 먹을 때, 항상 마누엘부터 시작해야겠어. 그럼 내가 먹게 될 테니까."
미겔의 말에 가우시가 세련된 시계 소리를 내며 단호하게 말했어요.
"**틀렸어.** 만일 너희 둘이 한다면, 먼저 시작한 사람이 먹게 될 거야."
"뭐? 그걸 네가 어떻게 알아?"
"자, 내가 설명해 줄게. 혹시 너 나눗셈 할 줄 아니?"
"아니, 나눗셈은 아직 할 줄 몰라. 난 아직 네 살이라서."
미겔이 두 팔로 엑스 자 모양을 하고는 눈썹을 찡그리며 대답했어요.

"괜찮아. 나눗셈을 못해도 할 수 있거든. 자, 여기 **2**시까지만 가리키는 시계가 있다고 쳐. 너랑 네 친구 마누엘, **2**명 중에서 한 딱 명 뽑을 거야. 이제 우리는 시곗바늘이 도는 것처럼, **15**가 될 때까지 **1**에서 **2**를 왔다 갔다 할 거야."

"하지만 그러면 계속 뺑뺑 돌아야 하잖아, 가우시."

마티의 말에 미겔이 누나에게 혀를 내밀며 장난스럽게 말했어요.

*"아, 어지러워……."*

가우시가 숫자를 세자, 갑자기 칠판 위에 그림이 나타났어요.

*"미겔, 보이지?* **1**에서 멈췄어. 그러니까 먼저 시작한 사람이 먹게 되는 거야."

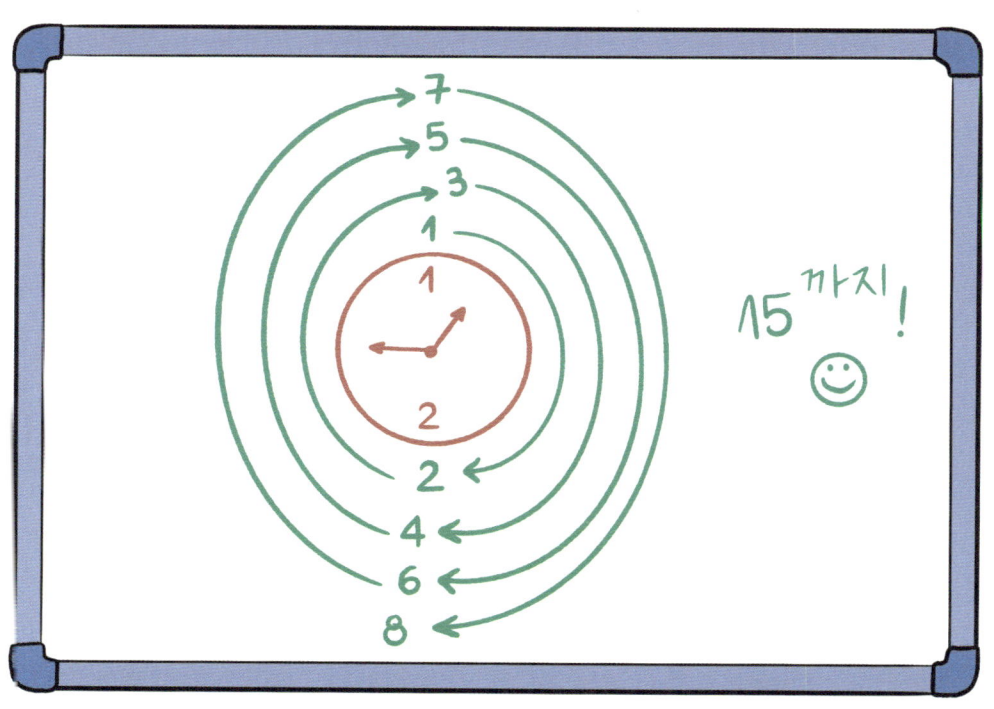

"가우시, 난 친구 4명과 이걸 해 보고 싶어. 네 칠판 좀 빌려줄래?"

미겔이 부탁했어요.

"물론이지. 그럼 이번엔 4시간짜리 시계를 그려 줄게."

그 수학 몬스터가 대답했어요.

미겔은 가우시 칠판에 그려진 4시간짜리 시계의 바늘을 돌리며 1에서 15까지 셌어요.

"와우! 이번엔 세 번째 사람이 뽑혔어. 정말 신기해."

미겔이 감탄하며 소리를 질렀어요.

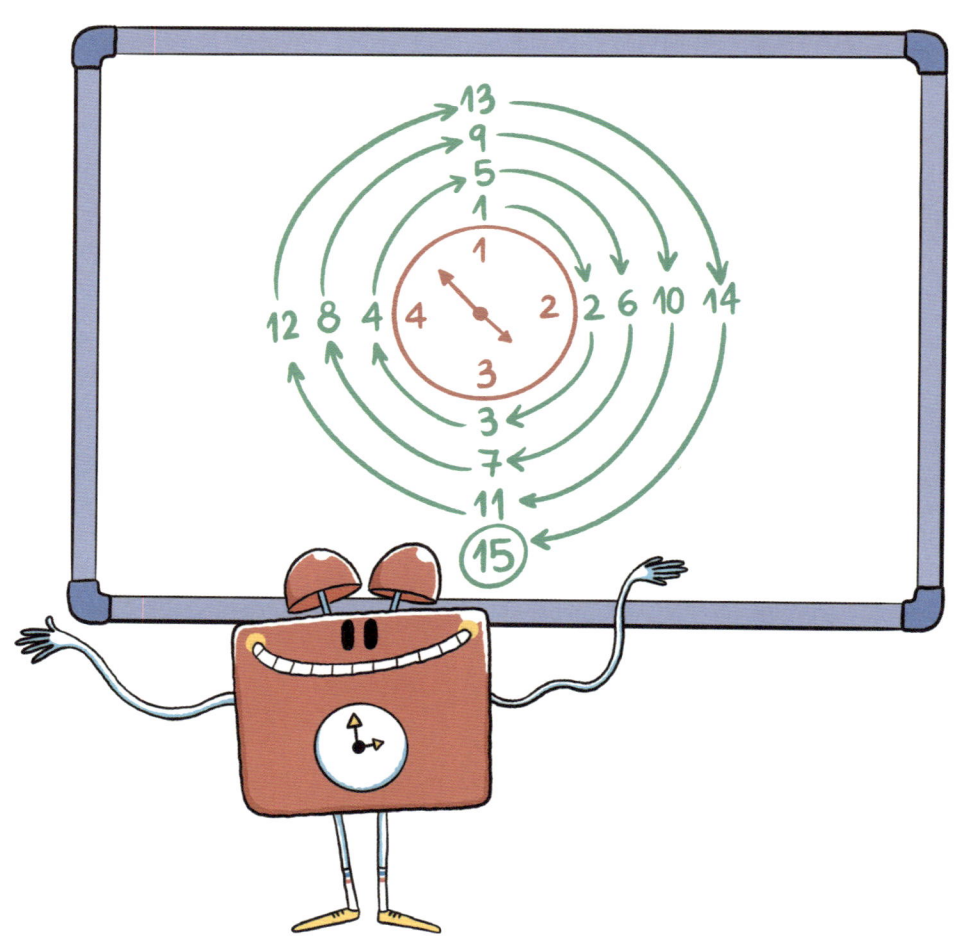

"가우시, 만일 나눗셈으로 한다면 어떻게 하는 거야?" 마티가 물었어요.
"그럼 훨씬 쉽지. 15를 뽑기에 참여하는 사람 수로 나누어서 남는 숫자가 바로 답이야."
"아, 그렇구나. 만일 15를 4로 나누면, 나머지가 3이지. 그럼 3번째 사람이 뽑히는 거구나." 마티가 대답하자 미겔이 끼어들며 말했어요.
"이번에는 5명으로 해 보고 싶어." 미겔이 끼어들며 말했어요.
"방법은 같아. 그러면 5시간짜리 시계로 하면 되는 거야."
가우시가 갑자기 바쁜 듯 시계를 보며 말했어요.
"아, 얘들아. 근데 난 이제 가 봐야 해. 할 일들이 있었는데, 이미 시간을 많이 써 버려서. 나중에 또 보자!"
가우시는 깡충 뛰어가더니 마티의 자명종 시계 뒤로 사라졌어요.

그 순간 마티와 미겔 옆에 점과 선으로 된 수학 몬스터가 또다시 나타났어요. 미겔은 그 몬스터를 의심스러운 눈초리로 바라보며 물었어요.

**"너 혹시 토스케니?"**

"응, 나 토스키 맞아. 모양이 조금 달라지긴 했지만. 너희가 보고 싶어서 그냥 왔어."

**"정말 멋진 모양인걸!"** 마티가 말했어요.

마티는 모든 수학을 다 좋아하지만, 그래프에는 좀 약한 편이에요. 사실 그래프뿐만 아니라 바닐라 아이스크림에도 약하죠.

"고마워, 마티."

토스키가 평소와 다르게 예의를 차리며 대답했어요. 그러더니 다시 칠판을 꺼내 새로운 그래프를 그렸어요.

"미겔, 종이에서 연필을 떼지 않고 이 그래프를 그릴 수 있겠니? 물론 같은 선은 두 번 지나가면 안 돼." 토스키가 말했어요.

"에이, 이건 식은 죽 먹기지."

미겔이 잘난 척하며 그림을 그리기 시작했어요. 미겔은 그리고 또 그렸어요. 여러 가지 방법으로 해 보았지만, 그릴 수가 없었어요.

**"난 못하겠어."**

마침내 미겔은 포기하고 말았죠. 그러자 토스키가 큰 소리로 웃었어요.

마티는 아주 화난 얼굴로 그를 째려보았어요.

"미안, 실은 이건 원래 그릴 수 없어."

수학 몬스터는 마침내 사실대로 말했어요.

"그런데 왜 나한테 시켰어?" 미겔이 코를 찡그리며 대들었어요.

토스키가 사랑스러운 목소리로 미겔을 달랬어요.

"화내지 마, 미겔. 네가 학교 친구들에게 문제 내는 비법을 가르쳐 주고 싶어서 그랬어. 대신 종이에서 연필을 떼지 않고, 같은 선을 두 번 긋지 않으면서 그래프 그리는 방법을 알려 줄게."

"좋아. 얼른 알려 줘." 미겔은 고개를 끄덕이며 대답했어요.

토스키는 다른 그래프를 그렸어요.

"이걸 한번 그려 봐."

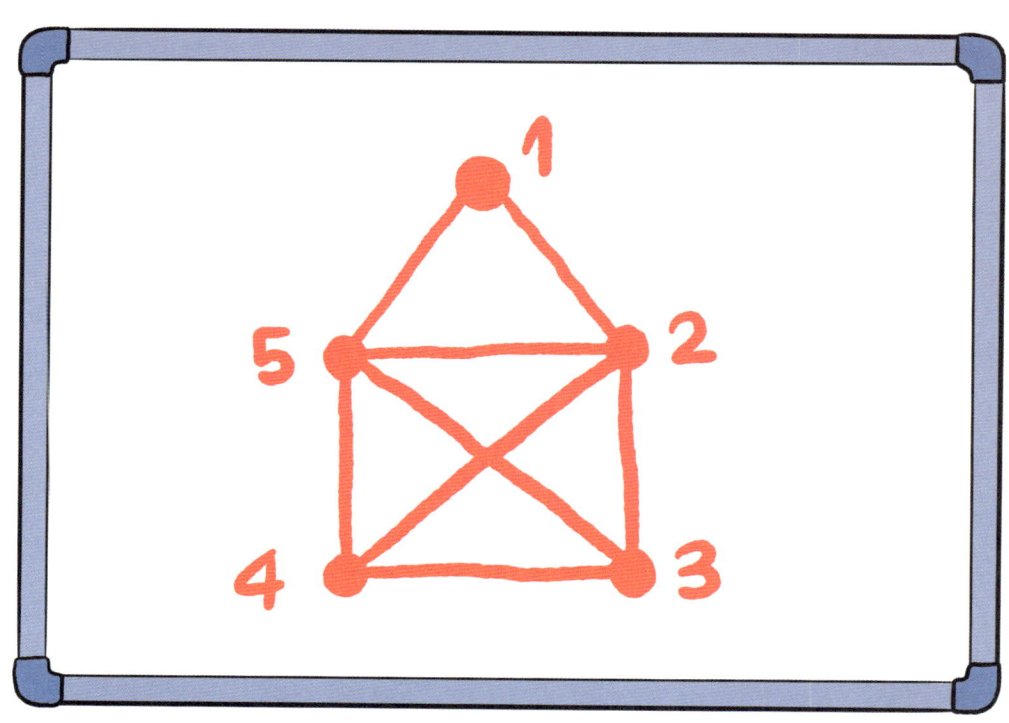

미겔은 3-2-5-1-2-4-5-3-4
순서대로 그래프를 그렸어요.
"와! 됐어! 이것 봐."
"잘했어. 아주 빨리 풀었네."
마티가 칭찬해 주었어요.
"그런데 왜 이 그래프는 그릴 수 있고, 다른 그래프는 왜 그릴 수 없는지 궁금하지 않아?"
토스키가 묻자 미겔이 대답했어요.

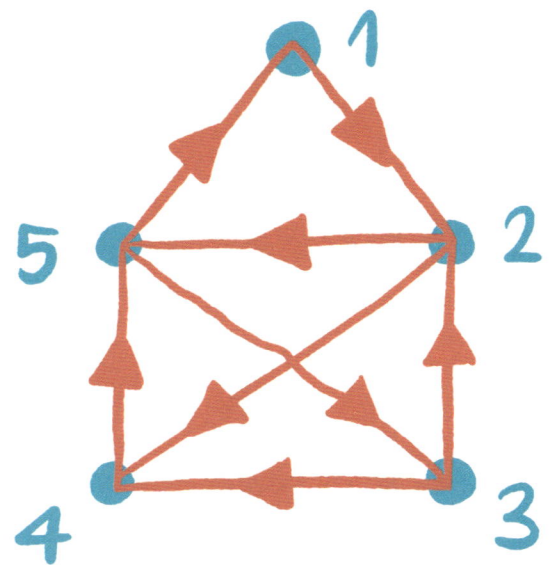

"궁금해!"
"그건 그래프의 각 점에서 선이 몇 개 나오는지 계산하면 알 수 있어."
토스키가 차분히 설명해 주었어요.
"그러니까 모서리 숫자를 알아보는 거지. 그래프에서 이 선들을 모서리라고 하거든."
"모서리? 어쩐지 이름이 마음에 안 들어……. 뭔가 뾰족뾰족 느낌이 나서 여기저기 찔릴 것 같단 말이야."
"진정해, 미겔. 모서리는 널 찌르지 않아." 마티가 말했어요.
마티가 미겔을 진정시키자 토스키가 말을 이었어요.
"잘 들어 봐. 3번과 4번 점은 모서리 개수가 홀수야. 그리고……."
"근데 홀수가 뭐야?" 미겔이 물었어요.

"홀수는 두 사람이 똑같이 나누어 가질 수 없는 숫자야. 예를 들어, 마누엘과 네가 연필 세 자루를 똑같이 나누어 가질 수 있을까?"
"음…… 마누엘 하나, 나 하나, 그리고 하나가 남네……. 그건 누나 거야!"
"고마워, 넌 정말 멋진 동생이야. 하지만 남는 연필은 없어야 해."
마티는 사랑스러운 눈빛으로 대답했어요.
"세 자루는 똑같이 나눠 가질 수 없네." 미겔은 사실을 인정했어요.
"맞아. 왜냐하면 숫자 3은 홀수거든." 마티가 정확하게 설명해 주었어요.
"하지만, 네 자루가 있으면 똑같이 나눠 가질 수 있어. 마누엘에게 두 자루를 주고, 내가 두 자루를 가지면 되니까. 그럼 남는 게 하나도 없어."
"맞아. 그래서 숫자 4는 짝수야."
마티가 기쁘게 대답했어요.

"자, 그럼 내가 계속 설명해 볼게. 이 그래프에서는 모서리 숫자가 홀수인 점은 딱 두 개야."

"모서리." 미겔은 그 말이 중요하다는 듯 강조했어요.

"3번과 4번 점만 모서리 숫자가 3개로 홀수야. 나머지 모서리 숫자는 짝수지. 1번 점은 모서리 숫자가 2개고, 2번과 5번 점들은 4개니까… 만일 어떤 그래프에서 모서리 숫자가 홀수인 점이 두 개 이하면, 종이에서 연필을 떼지 않고, 같은 선을 만나지 않고서 그림을 그릴 수 있는 거야."

"진짜야? 전부 다 그려 봤어?"

미겔이 의심스러운 눈으로 토스키를 쳐다보며 물었어요.

"아니. 하지만 위대한 수학자인 오일러\*가 그 사실을 증명해 줬어. 모서리 숫자가 홀수인 점이 두 개 이하라면 그런 그림을 그릴 수 있다고 말이야."

\* 레온하르트 오일러(Leonhard Euler) : 스위스의 수학자이자 물리학자로 '오일러 공식'을 발견했다. –옮긴이

"그럼 그래프의 모든 점의 모서리 숫자가 짝수면, 종이에서 연필을 떼지 않고, 같은 선을 두 번 지나가지 않고 그림을 그릴 수 있네. 맞지, 토스키?" 마티가 끼어들며 말했어요.

"맞아."

**"와 신기해!"** 미겔이 소리치며 좋아했어요.

"미겔 네가 재미있어하니까 계속 그래프들을 그릴 수 있도록 이 공책이랑 연필을 선물로 줄게." 토스키는 그 말을 하고 연기처럼 사라졌어요.

**"얘들아, 사요나라!"**

"누나, 방금 토스키가 뭐라고 한 거야?"

"**사요나라**. 일본어로 헤어질 때 하는 인사말이야."

"암튼 엉뚱하다니까."

"하지만 토스키가 알려 준 건 너무 재밌잖아. 그래프 선들을 우리 동네 길이라고 생각해 봐. 그럼 우리는 쓰레기차가 같은 길을 가지 않고 모든 길을 지나는 방법을 시의회에 설명해 줄 수 있을 거야."

"**와!** 그렇네! 그럼 쓰레기차 기사님들이 일을 빨리 끝내고 집에 더 일찍 갈 수 있을 테고."

"맞아. 또 트럭 매연으로 생기는 오염도 줄어들 거고. 똑같은 길은 지나가지 않을 테니까."

"**와, 정말 멋져, 누나.** 좀 이상하긴 하지만, 토스키는 너무 재미있는 수학을 가르쳐 준 것 같아."

"수학 몬스터들은 아주 재미있게 가르쳐 준다니까. 수학은 아주 재미있거든, 미겔. 내가 말했잖아."

"응, 누나 말이 맞아. 수학은 세상에서 가장 재밌고 멋져. 친구들에게 이런 수학의 비밀을 알려 주면 아주 놀라겠지?"

"비밀이라고? 비밀에 대해서 말하는 걸 들은 것 같은데?"

트렌치코트에 모자와 선글라스를 쓴 자그마한 수학 몬스터가 슬며시 나타나 말했어요.

"내가 바로 비밀 전문가야. 이름은 본디고. 제임스 본디."

"뭐? 제임스 본드?" 미겔이 되물었어요.

"제임스, 본디!" 몬스터가 이름을 다시 또박또박 말했어요.

"안녕, 본디!" 마티가 반갑게 인사하자 본디가 검지를 입에 대고 속삭였어요.

"쉬쉬잇잇……. 적들이 우리 말을 몰래 엿들을 수도 있단 말이야."

"무슨 적들? 여기는 적이 없어. 우리는 다들 멋진 수학 이야기를 나누는 친구들이고." 마티가 묻자 본디가 트렌치코트를 조금 열며 말했어요.

"맞아. 여름에 트렌치코트에 모자를 쓰는 스파이의 삶은 참 힘들어."

"본디, 내 동생 미겔에게 암호학에 관해 설명해 주지 않을래?"

"좋아. 암호학은 아무도 읽을 수 없는 비밀 메시지를 보내는 데 사용되는 기술이야. 미겔, 너 지금 몇 살이지?"

"네 살." 미겔이 대답하자 본디가 신나게 말했어요.

"그럼 나이에 맞게 쉽게 설명해 줄게. 카이사르 암호라는 걸 알려 주지. 먼저 1에서 27까지 숫자 중에 하나를 골라 봐, 미겔."

"음, 4." 미겔이 대답했어요.

"좋아. 이제 내가 맨 윗줄에 자음과 모음이 적힌 표를 각각 만들 거야. 바로 각 표의 아랫줄에도 똑같이 자음과 모음을 쓸 텐데, 두 번째 줄에는 ㄱ을 오른쪽으로 정확히 4칸 옮길 거야. 이건 네가 4를 골랐기 때문이야. 그리고 차례대로 자음과 모음을 채우다가 칸이 부족하면 다시 처음으로 돌아와서 빈칸에 채울 거야. 우선 내가 만든 걸 보여 줄게."

| 자음 | ㄱ | ㄴ | ㄷ | ㄹ | ㅁ | ㅂ | ㅅ | ㅇ | ㅈ | ㅊ | ㅋ | ㅌ | ㅍ | ㅎ |
|---|---|---|---|---|---|---|---|---|---|---|---|---|---|---|
|  | ㅋ | ㅌ | ㅍ | ㅎ | ㄱ | ㄴ | ㄷ | ㄹ | ㅁ | ㅂ | ㅅ | ㅇ | ㅈ | ㅊ |

| 모음 | ㅏ | ㅑ | ㅓ | ㅕ | ㅗ | ㅛ | ㅜ | ㅠ | ㅡ | ㅣ |
|---|---|---|---|---|---|---|---|---|---|---|
|  | ㅜ | ㅠ | ㅡ | ㅣ | ㅏ | ㅑ | ㅓ | ㅕ | ㅗ | ㅛ |

"미겔, 이제 네가 전하고 싶은 메시지를 말해 봐. 내가 이 표로 암호 만드는 방법을 가르쳐 줄게."

본디의 말에 미겔이 마티를 쳐다보며 한마디 덧붙였어요.

"너는 좋은 친구야. 이 말을 마누엘에게 해 주고 싶어."

"그럼 그 메시지의 각 문자를 이 표 아래에 있는 문자로 바꾸기만 하면 돼."

본디가 설명하자 미겔이 살짝 곤란한 표정을 지으며 말했어요.

"그런데……. 난 아직 이 말을 글로 쓸 줄 몰라, 본디."

"걱정 마, 내가 써 줄게. 아직 못 쓰는 게 당연하지."

마티가 칠판에 대신 그 메시지를 적자 본디가 말했어요.

"좋아. 그럼 이제 이 표를 봐. ㄴ부터 시작해 보는 거야. 그 아래 ㅌ가 있으니까 ㅌ로 바꾸면 돼. 그러면 ㅓ는 뭘로 바꿀까……."

"ㅡ로! ㅓ 밑에 있는 글자니까." 마티가 대답했어요.

"맞아. 와, 단번에 이해했구나. 그럼 나머지는 너희가 한번 해 봐."

마티와 미겔은 그 메시지를 암호로 바꾸었어요. 미겔은 윗줄에 있는 각 글자를 찾고 나서, 바꿔 쓸 글자를 손으로 가리켰어요. 그러면 마티가 보고 바로 적었어요.

"다 했어." 남매는 한목소리로 대답했어요.

**"완벽해, 너무 잘했어."** 본디가 대답했지요.

"그런데 글자가 너무 이상해." 마티가 웃으며 말하자 본디가 대답했어요.

"맞아, 마티. 스파이가 하는 일은 남들이 알아채지 못해야 하니까 글자가 이상할 수 있어."

"그럼 마누엘은 내 메시지를 어떻게 알 수 있어?"

미겔이 미심쩍은 눈초리로 물었어요.

**"미겔, 해석, 아니 암호를 풀면 돼.** 신중하게 잘 풀어 봐."

본디는 자세하게 설명하기 시작했어요.

"우선 학교에 가서 내가 말한 내용을 마누엘한테 다 설명해 줘. 그리고 귀에다 '**4**'라 말해 주고. 그럼 마누엘은 네가 메시지를 암호로 만들기 위해 **4칸을** 이동한 카이사르 암호를 사용했다는 것을 눈치챌 거야. 그러면 그는 먼저 **4칸을** 옮긴 자음과 모음을 위에 쓰고, 아래에는 원래 순서의 자음과 모음을 쓰겠지. 그렇게 하면 네 메시지를 알 수 있을 거야."

| 자음 | ㅋ | ㅌ | ㅍ | ㅎ | ㄱ | ㄴ | ㄷ | ㄹ | ㅁ | ㅂ | ㅅ | ㅇ | ㅈ | ㅊ |
|---|---|---|---|---|---|---|---|---|---|---|---|---|---|---|
|  | ㄱ | ㄴ | ㄷ | ㄹ | ㅁ | ㅂ | ㅅ | ㅇ | ㅈ | ㅊ | ㅋ | ㅌ | ㅍ | ㅎ |

| 모음 | ㅜ | ㅠ | ㅡ | ㅣ | ㅏ | ㅑ | ㅓ | ㅕ | ㅗ | ㅛ |
|---|---|---|---|---|---|---|---|---|---|---|
|  | ㅏ | ㅑ | ㅓ | ㅕ | ㅗ | ㅛ | ㅜ | ㅠ | ㅡ | ㅣ |

"그러면 마누엘도 너희가 했던 것처럼 똑같이 해 볼 거야. 각 글자를 바로 아래 있는 글자로 바꾸는 거지." 수학 몬스터가 설명을 끝냈어요.

"미겔, 그럼 우리도 같이 해 볼까?" 마티가 동생에게 물었어요.

"좋아! 내가 누나한테 각 글자 바로 아래 무슨 글자가 있는지 말해 주면, 받아써. 알겠지?" 미겔은 두 주먹을 불끈 쥐며 신나게 대답했어요.

"알았어!" 마티가 말했어요.

"그럼 ㅌ은 ㄴ으로 바꾸고, ㅡ는 ㅓ로, 또 ㅌ은 ㄴ으로 바꾸고……."
얼마 지나지 않아서 그들은 그 메시지의 암호를 다 풀었어요.

"**본디, 이거 너무 재밌어!**" 마티가 크게 소리쳤어요.

ㅌ ㅡ ㅌ ㄴ ㅌ ㅁ ㅏ ㅊ ㄹ ㄴ ㅌ ㅂ ㅛ ㅌ ㅋ ㅓ ㄹ ㅠ (트톨맞롤볼커류)
↓ ↓ ↓ ↓ ↓ ↓ ↓ ↓ ↓ ↓ ↓ ↓ ↓ ↓ ↓ ↓ ↓ ↓
ㄴ ㅓ ㄴ ㅡ ㄴ ㅈ ㅗ ㅎ ㅇ ㅡ ㄴ ㅊ ㅣ ㄴ ㄱ ㅜ ㅇ ㅑ (너는좋은친구야)

"근데, 나랑 마누엘은 아직 너무 어려서 글을 잘 읽거나 쓸 수가 없어."

"괜찮아, 미겔. 너희는 아주 빨리 클 거야. 그러면 둘만 아는 암호 메시지를 아주 많이 주고받을 수 있을 거고." 마티는 동생을 위로해 주었어요.

"맞아, 그건 그래. 게다가 마누엘이 나랑 가장 친한 친구인 건 비밀이 아니지. 모두가 아니까."

"멋지다, 미겔. 친구의 좋은 점을 말하고, 많이 사랑해 주는 것은 정말 아름다운 일이야." 마티가 미겔을 쓰다듬으며 대답했어요.

"이 사랑스러운 장면에서 나는 빠지는 게 좋겠네. 우리 수학 몬스터들은 우정과 사랑의 공식이나 비결은 잘 모르거든. 얘들아, 다음에 또 보자."

여러분은 이 메시지의 암호를 풀 수 있나요?

튜맙핀 힛벽야

카이사르 9*

\* 글자를 옆으로 9칸 옮긴다는 의미이다. -옮긴이

### "난 수학이 너무 좋아, 누나!"

"나도. 수학은 아이스크림 같아. 모두가 좋아하는 아이스크림 말이야."

"마티, 넌 무슨 맛 아이스크림이 제일 좋아?"

미겔은 낯선 목소리가 들리는 쪽으로 고개를 돌렸어요.

"**안녕, 피셔.** 잘 지냈니?" 마티가 새로운 수학 몬스터를 보며 인사했어요.

"나야 뭐 늘 자료들을 기록하고 또 기록하면서 지내지." 피셔가 대답했어요.

피셔는 미겔을 쳐다보며 물었어요.

"마티 동생, 넌 무슨 맛 아이스크림이 제일 좋아?"

"내 이름은 미겔이야. 난 모든 사람이 좋아하는 초콜릿 맛을 제일 좋아해."

### "윽, 오류!"

피셔의 눈이 미친 듯이 뱅글뱅글 돌기 시작했어요. 마티가 피셔의 몸을 꽉 붙잡자 그제야 천천히 멈추었죠.

"어떻게 그걸 확신해? 조건을 세워서 조사해 봤어? 몇 사람이나 그렇다고 대답한 건데? 무슨 근거로 **모든 사람이 초콜릿 맛**을 제일 좋아한다는 거야?"

"**왜 그래?** 그렇게 말하면 안 되는 거야?"

너무 놀란 미겔은 눈물이 그렁그렁한 채로 물었어요.

"세상에는 **딸기 맛**을 좋아하는 사람도 있으니까. **캐러멜 맛**을 좋아하는 사람도 있고. 또 **레몬 맛**을 좋아하는 사람도 있고 또 **코코넛 맛**을 좋아하는 사람도 있잖아!" 피셔가 따지듯 말했어요.

"나도 알아! 하지만 많은 사람이 초콜릿 맛을 좋아해."

미겔도 의견을 굽히지 않았어요.

"아까보다는 훨씬 나은 표현이네."

피셔는 부드럽게 말했어요. 그러더니 가방에서 수첩과 연필을 꺼냈어요. 그리고 연필에 침을 살짝 묻히고는(윽, 더러워!) 뭔가를 적기 시작했어요.

"얼마나 많은 사람이 초콜릿 맛을 좋아할까?"

"그건 나도 모르지!" 미겔이 어깨가 축 처진 채로 대답했어요.

"혹시 설문 조사는 해 봤니?" 피셔가 수첩에 뭔가를 계속 적으며 물었어요.

하지만 마티와 미겔은 피셔가 뭘 적는지 도통 알 수가 없었어요.

"누구? 나?" 미겔은 당황해하며 물었어요.

"난 아직 네 살이라서……. 설문 조사가 뭔지도 몰라."

"미안, 미안해……." 피셔는 뭔지는 모르지만 계속 쓰면서 대답했어요.

"설문 조사는 너희 반 모든 친구에게 가장 좋아하는 아이스크림 맛이 뭔지 물어보는 거야. 알겠지? 월요일까지 친구들에게 물어봐. 그리고 결과가 나오면 막대그래프로 그려서 어떤 맛을 가장 좋아하는지 말해 주고."

"그런데 누나, 막대그래프는 또 뭐야? 초콜릿 막대야? 이 수학 몬스터가 무슨 말을 하는지 도통 모르겠어."

미겔이 작은 목소리로 말했어요.

피셔는 관찰한 것들을 전부 수첩에 적으면서 점점 더 멀어져 갔어요. 그러면서 중얼거렸죠.

"기분 좋은 사람들이군……. 그런데 사람들은 왜 그렇게 통계를 지어내거나 부풀리는지 모르겠단 말이야. 자료를 얻어서 순서대로 나열하고 정확한 결론을 얻는 게 얼마나 쉬운데. 아, 저기 피보가 가네. 꽃에서 어떤 피보나치 숫자가 더 많이 나타나는지 물어봐야지."

미겔과 마티는 고개를 좌우로 흔들며 피셔가 멀어지는 모습을 멍하니 쳐다보았어요.

"자, 그럼 우선 막대그래프가 뭔지 설명해 줄게. 너희 유치원에 아이들이 모두 몇 명이지?"

마티가 묻자 미겔이 대답했어요.

"우린 25명이야. 그리고 선생님이 계시고." 미겔이 대답했어요.

"그럼 26명으로 하자. 네가 설문 조사를 한다고 생각해 봐. 그들 중 몇 명이나 초콜릿 맛이 가장 좋다고 대답할까? 우선 아무 숫자나 지어내 봐, 미겔."

"16명!" 미겔이 폴짝 뛰며 대답했어요.

"그럼 이제 10명이 남네." 마티가 설명을 이어 갔어요.

"다른 사람들은 무슨 맛을 고를까? 이것도 아무 맛이나 말해 봐."

"딸기 맛!" 미겔이 대답했어요.

"그럼 몇 명이나 딸기 맛을 고를까?"

"2명."

"좋아. 이제 8명 남았어. 다른 사람들은 무슨 맛을 고를까?"
"레몬 맛, 캐러멜 맛, 우유 맛, 박하 맛."
"그럼 레몬 맛은 몇 명이 고를까?"
"1명. 1명씩 각자 다른 맛을 고를 거야."
"잘했어. 이제 4명 남았네. 이 사람들은 무슨 맛을 고를까?"
"4명은 코코넛 맛을 고를 거야."

대답을 들은 마티는 믿을 수 없다는 듯 안경 너머로 미겔을 바라보았어요. 하지만 아무런 대꾸도 하지 않고 다 받아 적었어요. 그렇게 마침내 정보를 다 얻었어요. 가짜로 지어낸 정보이긴 하지만요.

"자 이제 토스키가 너에게 준 공책을 펴 보자. 거기에 막대그래프를 그리면 더 잘 그려질 거야."

마티가 노트에 그림을 그리며 말했어요.

"우선 선을 긋고, 거기에 선택한 아이스크림 맛들을 적어 보자. 초콜릿, 딸기, 레몬, 캐러멜, 우유, 박하, 코코넛 이렇게 말이야."

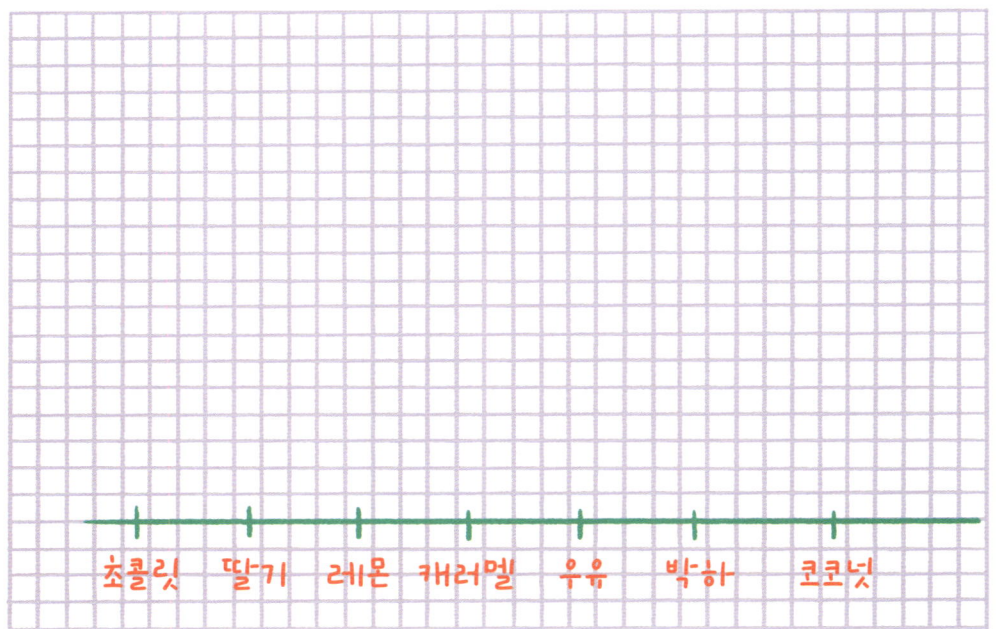

"이제 각각의 맛 위에, 그 맛을 고른 사람 숫자만큼 작은 네모를 차례 대로 쌓는 거야. 그러니까 초콜릿 맛은 16칸, 딸기 맛은 2칸, 레몬 맛은 1칸, 캐러멜 맛은 1칸, 우유 맛은 1칸, 박하 맛은 1칸, 코코넛 맛은 4칸을 쌓으면 돼. 그러면 이게 바로 막대그래프야, 미겔."

마티가 환하게 웃으며 말했어요.

"오, 이거 텔레비전에서 본 것 같아……." 미겔이 감탄하며 말했어요.

"맞아, 많은 사람이 막대그래프를 사용하거든. 여기서 사람들이 가장 많이 고른 맛이 초콜릿 맛이라는 걸 한눈에 알 수 있지. 가장 많이 선택했으니까

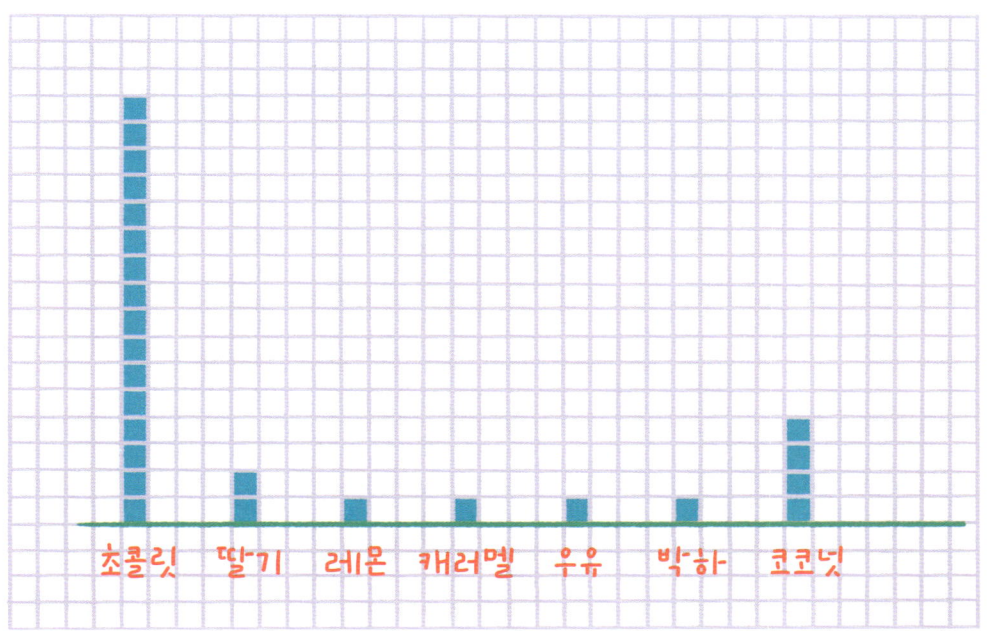

가장 인기 있는 맛은 초콜릿 맛이야. 그다음은 코코넛 맛, 그다음은 딸기 맛, 나머지 맛들은 1칸으로 동점이고." 마티가 말했어요.

"봤지? 거 봐, 내가 가장 좋아하는 초콜릿 맛이 뽑혔잖아. 내 말이 맞잖아!"

미겔은 자랑스러워하며 결론을 내렸어요.

"그렇네, 미겔…… 지금은 수학이 어떤 것 같아?"

마티는 활짝 웃으며 물었어요.

"수학, 그러니까 수학은 말이지."

미겔은 분명하게 말하고 나서 혀를 쭉 내밀었어요.

"너무너무 멋져! 페드로는 이 안경을 못 써 봐서, 수학이 무섭다고 한 것 같아. 누나가 괜찮다면, 간식 먹자고 불러서 이 안경을 빌려주고 싶어."

"좋아."

"미젤, 이제 돌아갈까? 간식 먹을 시간이 거의 다 됐거든."
"응, 누나가 원한다면." 하지만 미젤은 여전히 수학에 푹 빠져 있었어요.
그런데 갑자기 미젤이 누나 티셔츠를 빤히 쳐다보며 물었어요.
"근데 여기 이 그림은 뭐야? 축구 골대야, 아니면 탁자?"
"아니야! 이건 숫자야. '파이(π)'라고 불러!"
그 순간 마법처럼, 마티와 미젤 앞에 아주 동그랗고 약간 이상한 코를
가진 새로운 수학 몬스터가 나타났어요. 미젤의 공 속에 숨어 있었나 봐요!
"누가 날 불렀어?" 그 몬스터는 아주 발랄하고 친절한 목소리로 말했어요.
"안녕, 파이! 여기는 내 동생 미젤이야. 얘가 너에 관해 물어봐서."
"난 안 물어봤는데. 누나 티셔츠에 그려진 그림을 물어본 거잖아."
미젤은 민망한 듯 작은 소리로 말했어요.
"안녕, 미젤!"
파이가 웃는 얼굴로 손을 내밀며 인사했어요.
미젤도 손을 내밀며 악수했지요.

"사실 미겔은 네가 아니라, 숫자 파이(π)에 관해 물어본 거야."
마티가 다시 설명했어요.
"오, 어쨌든 그 질문을 했다니 너무 반가워, 미겔!"
파이가 카랑카랑한 목소리로 외쳤어요.
"숫자 파이(π)는 모두에게 아주 중요하거든. 이 숫자는 3과 4 사이에 있어. 만일 우리가 파이를 모른다면, 원의 둘레도 잴 수 없을 거야!"
"와, 엄청난 숫자구나!" 미겔이 흥분하며 소리쳤어요.

"그럼 이제부터 피자(Pizza)도 파이-자(Pi-zza)라고 불러야겠어. 피자도 동그랗고, 모든 원에는 파이(Pi)가 있으니까. 와, 멋지다!"

"파이는 맛있는 숫자였군, 냠냠냠……."
마티는 피자를 생각하며 입맛을 다셨어요.
"먹는 이야기를 하다 보니 정말 간식 시간이 다 됐네. 우리 이만 가 볼게. 파이, 나중에 또 봐."

"얘들아, 다음에 보자. 난 여기 온 김에 공 좀 가지고 놀게. 공도 둥그니까!"
파이는 공을 차며 점점 멀어져 갔어요.
"미겔, 이제 두 눈을 꼭 감아 봐. 그리고 내가 다시 말할 때까지 절대로 뜨지 마." 마티가 말했어요.
미겔은 작은 두 눈을 꼭 감았어요. 마티가 안경을 벗겨 주었지만 미겔은 여전히 눈을 꼭 감고 있었지요.
"잘 가, 수학 몬스터들! 모두 다 정말 고마웠어!" 마티가 말했어요.
"또 보자, 수학 몬스터들! 모두 너무 즐거웠어!" 미겔도 말했어요.
30초 정도 지난 뒤, 마티가 말했어요.
"이제 눈 떠도 돼, 미겔. 어땠어? 여행 맘에 들었어?"
마티가 동생 곁에 앉으며 물었어요.
"응, 아주 많이! 나 빨리 학교에 가고 싶어. 수학이 얼마나 재미있는지 모두에게 말해 주고 싶거든. 누나, 정말 고마워! 누나는 이 세상에서 가장 좋은 누나야!"
"그럼, 뽀뽀 한 번 해 줘. 그리고 이제 우리 간식 먹으러 가자."

"뽀뽀 한 번? 싫은데. 파이($\pi$)-뽀뽀를 해 줄게."
"파이 뽀뽀? 그건 어떻게 하는 건데?"
미겔은 마티에게 뽀뽀를 아주 세게 **3**번, 그리고 아주 살짝 **1**번 해 주었어요.

말랑말랑 요즘지식 8

# 수학 몬스터,
### 진짜 수학을 보여 주다

1판 1쇄 발행일 2025년 5월 20일
글쓴이 클라라 그리마  그린이 라켈 구  옮긴이 김유경
펴낸곳 (주)도서출판 북멘토  펴낸이 김태완
부대표 이은아  편집 김경란, 조정우  디자인 퍼플트리, 안상준  마케팅 강보람  경영기획 이재희
출판등록 제6-800호(2006. 6. 13.)
주소 03990 서울시 마포구 월드컵북로 6길 69(연남동 567-11) IK빌딩 3층
전화 02-332-4885  팩스 02-6021-4885

🏠 bookmentorbooks.co.kr   ✉ bookmentorbooks@hanmail.net
📷 bookmentorbooks__   Ⓑ blog.naver.com/bookmentorbook

※ 잘못된 책은 바꾸어 드립니다.
※ 이 책은 저작권법에 따라 보호를 받는 저작물이므로 무단 전재와 무단 복제를 금합니다.
※ 이 책의 전부 또는 일부를 쓰려면 반드시 저작권자와 출판사의 허락을 받아야 합니다.
※ 책값은 뒤표지에 있습니다.

ISBN 978-89-6319-640-4  73410

**인증 유형** 공급자 적합성 확인  **제조국명** 대한민국  **사용연령** 7세 이상
KC마크는 이 제품이 공통안전기준에 적합하였음을 의미합니다.
종이에 베이거나 책 모서리에 다치지 않도록 주의하세요.